Do(g) it!

NÄHIDEEN FÜR MEINEN HUND UND MICH

CV

Inhalt

FÜR UNTERWEGS

ZUM ANZIEHEN

SPIELEN UND KUSCHELN

LECKER SCHMECKER

Vorwort

HALLO, ICH BIN CHRISTINA – NÄHBLOGGERIN VON ZUCKER&ZIMT DESIGN UND HUNDEMAMA MIT LEIDENSCHAFT!

Meine beiden Hunde Rico und Marli sorgen für reichlich Chaos und schöne Momente in meinem Leben. Durch sie ist auch meine Leidenschaft zum Nähen erwacht. Für sie soll es nichts »von der Stange«, sondern nur schöne und individuelle Dinge geben – und natürlich entsteht dann dabei auch das ein oder andere dazu passende selbstgenähte Stück fürs Frauchen!

So kann ich meine beiden Leidenschaften – Nähen & meine Hunde – perfekt kombinieren.

Genau darum dreht es sich auch in diesem Buch: Nähideen für meinen Hund und mich!

Bei vielen Modellen kann der gleiche Schnitt für dich und deinen Hund genutzt werden oder es gibt zum Halsband einfach noch die passende Tasche aus demselben Stoff. Weiterhin gibt es einige DIY-Ideen, die deine Nähprojekte perfekt ergänzen.

Mein Motto lautet: »Kreativ sein Ist wie Naschen, man kann einfach nicht aufhören!«

Wenn es dir genauso geht, findest du viele Näh- und DIY-Ideen für Hund und Frauchen/Herrchen, sowie Geschichten aus dem Hundealltag auf meinen Facebook- und Instagram-Kanälen, sowie auf meinem Blog zuckerundzimtdesign.com. Seit kurzer Zeit gibt es auch einen passenden YouTube Kanal mit vielen Anleitungsvideos, sowie Tipps und Tricks rund ums Nähen.

Viel Vergnügen wünscht

Deine

Christina

Material

STOFF

Baumwollstoff: Gewebte Baumwollstoffe eignen sich gut für fast alle Nähprojekte in diesem Buch.

Canvas: Canvas ist fester und strapazierfähiger als normaler Baumwollstoff, er eignet sich daher gut für Taschen oder Hundedecken.

Musselin: Weicher, lockerer Baumwollstoff.

Beschichtete Stoffe: Dazu gehören unter anderem Oilskin, Wachstuch oder beschichtete Baumwolle. Diese werden durch eine Beschichtung wasserabweisend gemacht.

Kunstleder: Lederimitat ist eine vegane Alternative zu echtem Leder und ist in der Regel Gewebe aus Polyester oder anderen Materialien, das mit Polyvinylchlorid (PVC) oder Polyurethan (PUR) beschichtet ist. Es gibt es in verschiedenen Stärken, wodurch es entweder geschmeidig oder eher steif und fest sein kann. Für die Projekte in diesem Buch sollte das Kunstleder zwar fest (also nicht elastisch), aber auch nicht zu dick und zu steif sein.

Korkstoff: Alternative zu Kunstleder, besteht aus Kork der auf einen Trägerstoff aufgetragen wird.

GURTBAND

Gurtband ist in verschiedenen Breiten erhältlich (z. B. 10, 20 oder 25 mm) und entweder aus Synthetikfasern (wie Polypropylen) oder Baumwolle. Bei Gurtband aus Synthetik kann die Schnittkante mit einem Feuerzeug angeschmolzen werden und franst dadurch nicht aus. Gurtband aus Baumwolle kann mit dem Zickzackstich der Nähmaschine versäubert werden.

VLIESEINLAGEN

Vlieseline® Vlieseinlagen sorgen für mehr Stabilität und Stand des Stoffs, wie z. B. bei Taschen, oder für Volumen, wie z. B. bei der Hundedecke. Ich empfehle, aufbügelbare Vlieseinlagen ringsum 5 mm kleiner als das Stoffteil zuzuschneiden. Die Angaben zur Fixierung (Bügeltemperatur, Zeit und Feuchtigkeit) sowie die Pflegeanleitung findest du meist aufgedruckt am Rand der Meterware.

Decovil I Light: Dünne Einlage mit lederähnlichem Griff. Sie ist reißfest, stabil und nicht dehnbar.

P 250: Hochbauschiges Volumenvlies.

Vliesofix: Verbindet Stofflagen und wird z. B. bei Applikationen verwendet.

BIOTHANE®

Biothane® ist ein Strukturgewebe mit Kunststoffummantelung. Es ist wasserabweisend, sehr reißfest und in verschiedenen Breiten und Farben erhältlich. Es ist eine schöne, vegane Alternative zu Fettlederriemen. Natürlich kannst du für die Projekte auch Fettlederriemen in vergleichbarer Breite verwenden, die Verarbeitung ist gleich.

ENDLOSREIßVERSCHLUSS

Ein Endlosreißverschluss-Band kann auf die passende Länge geschnitten und mit einem Zipper versehen werden. Es gibt unterschiedliche Breiten der Zähnchen-Raupe. **Hinweis**: Die Materialangabe für einen Endlosreißverschluss enthält etwas Zugabe für das Einsetzen des Zippers. Kürze den Reißverschluss dann auf die benötigte Länge. Alternativ kannst du auch einen fertigen Reißverschluss verwenden und diesen ggf. kürzen.

Tipp: Ein Video, wie du bei einem Endlosreißverschluss den Zipper anbringst, findest du auf meinem YouTube Kanal: www.youtube.com/zuckerzimtdesign
Wichtig! Nähe stets langsam über die Reißverschlusszähnchen, damit die Nadel nicht abbricht.

Hilfsmittel

NÄHMASCHINENNADEL

In der Regel gilt, je dicker und kräftiger der Stoff, desto größer sollte die Nadelstärke sein. Für normale Baumwollstoffe ist die Stärke 80 bis 90 ausreichend, für kräftige Stoffe wie Canvas sollte sie 90 bis 110 betragen oder du verwendest eine Jeansnadel. Für beschichtete Stoffe sowie Kunstleder und Kork solltest du eine Leder- oder Microtexnadel verwenden.

NÄHFUß

Der Standardnähfuß ist für die meisten Nähschritte bestens geeignet. Für Reißverschlüsse empfiehlt es sich, einen speziellen Reißverschlussnähfuß zu verwenden. Ein Kantennähfuß erleichtert das gleichmäßige Absteppen von Stoffkanten.

OBERTRANSPORT

Zur Verbesserung des Stofftransportes kann, vor allem bei dehnbaren Stoffen wie z. B. Bündchenware, ein zusätzlicher Obertransport hilfreich sein. So wird nicht nur die untere, sondern auch die obere Stofflage gleichmäßig transportiert.

Ausgleichsplatte

Bei dicken Nahtanfängen oder unterschiedlich dicken Stoffstellen kannst du eine Ausgleichsplatte verwenden. Diese wird an der weniger starken Stelle mit unter den Nähfuß gelegt, sodass er gerade bleibt.

Stoffklammern (Wonderclips)

Diese Klammern eignen sich besonders gut zum Fixieren von dicken Stofflagen oder beschichteten Stoffen, sowie für Kunstleder und Kork, da sie keine Löcher hinterlassen. Alternativ kannst du auch Büro-, Wäsche- oder Haarklammern verwenden.

Kanten- und Eckenformer

Zum Ausformen von Ecken und Kanten nach dem Wenden, alternativ kann ein Löffelstiel oder Stäbchen verwendet werden.

Beidseitiges Klebeband (z. B. Stylefix)

Kann zum Fixieren von Gurtbändern, Reißverschlüssen oder Applikationen dienen.

Masking Tape (Washi Tape)

Klebeband aus Papier, das sich gut eignet um Dinge kurzzeitig zu fixieren.

Textilkleber

Wird zum dauerhaften Verbinden von Materialien verwendet, z. B. Kunstleder.

Lochzange oder -eisen

Zum Lochen von Stoffen oder Biothane®. Lochzangen gibt es in verschiedenen Ausführungen/Lochdurchmessern. Ein Locheisen mit Hammer und Holzbrett als Unterlage ist empfehlenswert, wenn das Stanzen mit der Lochzange zu viel Kraft erfordert.

Allgemeines

Folgende Dinge werden generell benötigt und sind in den Anleitungen nicht noch einmal gesondert aufgeführt.

- Nähmaschine
- Farblich zum Stoff passendes Nähgarn aus Polyester
- Stoffschere
- optional: Rollschneider mit Patchworklineal & Schneidematte
- Stecknadeln
- Stoffklammern (Wonderclips)
- Ecken- und Kantenformer
- Maßband
- Schneiderkreide oder Stoffmarkierstift
- Kopierpapier & weicher Bleistift
- Bügeleisen & Bügelbrett

Vorbereitung

Abpausen der Schnittteile: Das(die) Schnittteil(e) für dein Nähprojekt findest du anhand der Schnittteilnummer(n) auf dem beigelegten Schnittmusterbogen. Pause die angegebenen Schnittteile vom Bogen ab. Übertrage dabei auch den Modellnamen, die Schnittteilnummer, den Fadenlauf, den Stoffbruch sowie evtl. vorhandene Positionsmarkierungen. Verwende zum Übertragen einen spitzen weichen Bleistift, ein Lineal und Kopierpapier oder Transparentpapier.

ZUSCHNEIDEN

Die Schnittteile enthalten bereits eine Nahtzugabe von 0,7 cm, du kannst die Teile also direkt entlang an der Kante zuschneiden.

Beachte beim Auflegen der Schnittteile auf den Stoff den Fadenlauf. Dieser sollte in der Regel parallel zur Webkante liegen. Wenn du ein seitenrichtiges und ein gegengleiches Teil benötigst, kannst du das Schnittteil auf den gefalteten Stoff (doppelte Stofflage) legen und beide Teile gleichzeitig ausschneiden.

Schnittteile mit einem Stoffbruch müssen am Falz des gefalteten Stoffes angelegt werden. Um die Schnittteile auf dem Stoff zu fixieren, kannst du sie mit Stecknadeln feststecken oder mit etwas beschweren. Zeichne die Teile mit Schneiderkreide oder einem Stoffmarkierstift auf oder schneide den Stoff direkt entlang der Schnittteilkante zu. Bei geraden und rechteckigen Stoffteilen eignet sich besonders gut ein Rollschneider mit transparentem Lineal und einer Schneidematte für den Zuschnitt.

TIPPS & TRICKS

Ecken nähen: Wenn du beim Nähen an einer Ecke angelangt bist, lasse die Nadel im Stoff stecken und hebe das Nähfüßchen an. Drehe dann den Stoff um 90°, senke das Füßchen wieder ab und nähe weiter.

Beschichtete Stoffe nähen: Verwende eine Leder- oder Microtexnadel und eine größere Stichlänge (3–3,5 mm) um das Material nicht zu stark zu perforieren (es könnte sonst leicht einreißen). Verwende Stoffklammern um die Schnittteile zu fixieren, diese hinterlassen keine Löcher.

Die Stoff-Beschichtung kann bewirken, dass der Stoff am Nähfuß »klebt« und dadurch schlechter transportiert wird. Deshalb solltest du, wenn möglich, auf der unbeschichteten Seite nähen. Falls dennoch auf der beschichteten Seite genäht werden muss, verwende einen Teflonnähfuß und/oder den zusätzlichen Obertransport oder beklebe die Nähfußunterseite mit Masking Tape, damit sie besser über den Stoff gleitet.

Biothane® lochen: Verwende ein Locheisen mit Hammer, damit lässt sich Biothane® auch mit geringem Kraftaufwand gut durchlöchern.

Biothane®-Enden bemalen: Bei Biothane®-Schnittkanten kommt das innenliegende weiße Strukturgewebe zum Vorschein. Dieses kannst du einfach mit einem farblich passenden Stift etwas anmalen, damit es später nicht mehr auffällt.

Breitenempfehlung bei Gurtband- & Biothane®-Hundehalsbändern:

- bis 10 kg Tiergewicht: 15–16 mm
- bis 20 kg Tiergewicht: 19–20 mm
- ab 20 kg Tiergewicht: 25 mm und breiter

BEVOR DU NÄHST BEACHTE:

- Die Maßangaben bezeichnen in dieser Reihenfolge: Breite × Höhe × Tiefe.
- Wenn nicht anders beschrieben, nähe mit einem normalen Geradstich.
- Eine Nahtzugabe von 0,7 cm ist schon in den Schnittteilen enthalten.
- Am Anfang und Ende einer Naht wird immer vernäht!
- Fixiere Stoffteile und Reißverschlüsse stets mit Stecknadeln, Wonderclips oder Stylefix.

Für Unterwegs

BICO

2

3

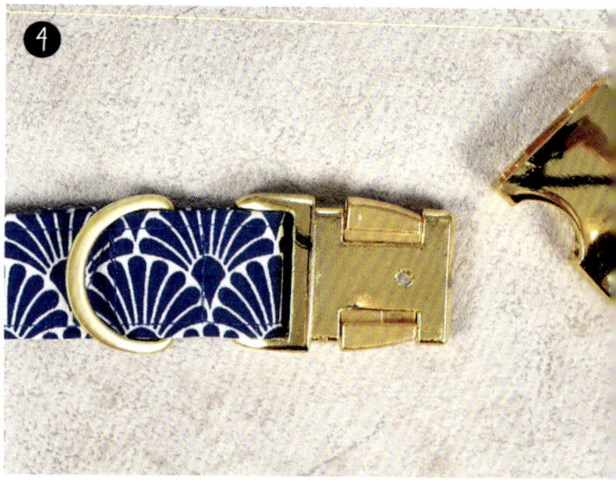
4

5

Stoff-Halsband

NÄHE DEINEM HUND EIN INDIVIDUELLES HALSBAND – VIELLEICHT PASSEND ZUM STOFF DEINER NEUEN SELBSTGENÄHTEN TASCHE?!

Umfang und Breite variabel | Modell-Beispiel: Umfang 42 cm, Breite 2,5 cm

SO WIRDS GEMACHT

1. Falte den Stoffstreifen an den langen Kanten l. a. l. zur Hälfte und bügle die Bruchkante. Falte den Streifen wieder auf. Lege nun die langen Kanten l. a. l. jeweils bis zum gebügelten Mittelbruch und bügle auch hier die Bruchkanten.

2. Um dem Halsband Stabilität zu geben, bügle den Decovil-Streifen neben dem Mittelbruch auf die linke Seite des Stoffstreifens oder lege das Gurtband in eine der Stofffalten. ❷

3. Falte alle gebügelten Brüche wieder ein und lege die äußeren Bruchkanten des Streifens deckungsgleich aufeinander. Nähe die langen Kanten knappkantig zusammen, steppe den Mittelbruch knappkantig ab. ❸

4. Fädle den D-Ring und einen Teil der Steckschnalle auf den Streifen. Falte die kurze Streifenkante 8 cm weit um und dann nochmals 2 cm breit ein. Nähe den Einschlag knappkantig und mit einem genähten »X« (2,5 × 2 cm) fest. Die gekreuzte Naht sorgt für einen besseren Halt, damit das Halsband bei starker Belastung nicht reißt. Nähe außerdem das Band hinter der Steckschnalle mit einer geraden Naht zusammen. (Tipp: 2–3× hin und her nähen) ❹

5. Fädle am zweiten Bandende den Schieber und anschließend den anderen Teil der Steckschnalle auf. Fädle nun das zweite Bandende erneut von unten über den Mittelsteg des Schiebers und ziehe es 8 cm weit durch. Schlage auch hier die Kante wieder 2 cm breit ein und nähe sie knappkantig und mit einem »X« fest. ❺

MATERIAL

- Baumwollstoff, blau-weiß, 75 × 10 cm
- Steckschnalle (Breite 25 mm), gold
- D-Ring (Breite 25 mm), gold
- Schieber (Breite 25 mm), gold
- Decovil I Light, 75 × 2,5 cm oder Gurtband (Breite 25 mm), 75 cm

Hinweis: Die Materialangaben beziehen sich auf das gezeigte Halsband. Wenn du eine andere Größe nahst, beachte, dass auch die Breite der Schnallen angepasst werden muss!

ERMITTLE DIE MASSE FÜR EIN INDIVIDUELLES HUNDEHALSBAND:

Messe den Halsumfang deines Hundes. Die benötigte Streifenbreite ergibt sich aus dem Halsumfang + 23 cm. Die Breite des Halsbands richtet sich nach der Größe deines Hundes (hier sind es 2,5 cm). Die Streifenhöhe ergibt sich aus der gewünschte fertigen Breite × 4.

Mein Modell-Beispiel:

42 cm Halsumfang + 23 cm
= 75 cm Streifenbreite

2,5 cm Halsbandbreite × 4
= 10 cm Streifenhöhe.

TIPP:
Bevor du das Baumwollseil zuschneidest umwickle die geplante Schnittstelle mit etwas Klebeband, so fransen die Enden nicht gleich aus und das Seil lässt sich leichter verarbeiten.

Tau-Leine

FÜR EIN MARITIMES FLAIR SORGT DIE KOMBINATION AUS DICKEM TAU UND BAUMWOLLSTOFF. DIE LÄNGE DER LEINE KANNST DU NATÜRLICH VARIIEREN. HIER HAT SIE EINE GESAMTLÄNGE VON CA. 150 CM.

Länge ca. 1,50 m, Breite der Handschlaufe 2,5 cm

MATERIAL

- Baumwollstoff, blau-weiß-gemustert, 65 x 10 cm
- Baumwollseil (Ø 12 mm), natur, 1,25 m
- Rundwirbel Karabiner (Ø 12 mm), gold
- Rundring (Ø 25 mm), gold
- dickeres Baumwollgarn oder Stickgarn, hellblau
- Nähnadel mit großem Öhr
- Textilkleber
- Decovil I Light, 65 x 2,5 cm oder Gurtband (Breite 25 mm), 65 cm
- Klebeband
- Flachzange

Hinweis: Die Materialangaben beziehen sich auf die gezeigte Leine. Wenn du eine andere Größe nähst, beachte, dass auch die Breite von Karabiner und Rundring angepasst werden muss!

ERMITTLE DIE MASSE FÜR EINE INDIVIDUELLE HANDSCHLAUFE:

Die Handschlaufe hat hier eine Breite von 2,5 cm. Falls du deine Handschlaufe schmaler haben möchtest, kann das natürlich angepasst werden. Dafür musst du nur die gewünschte Endbreite x 4 nehmen um die benötigte Streifenhöhe zu ermitteln.

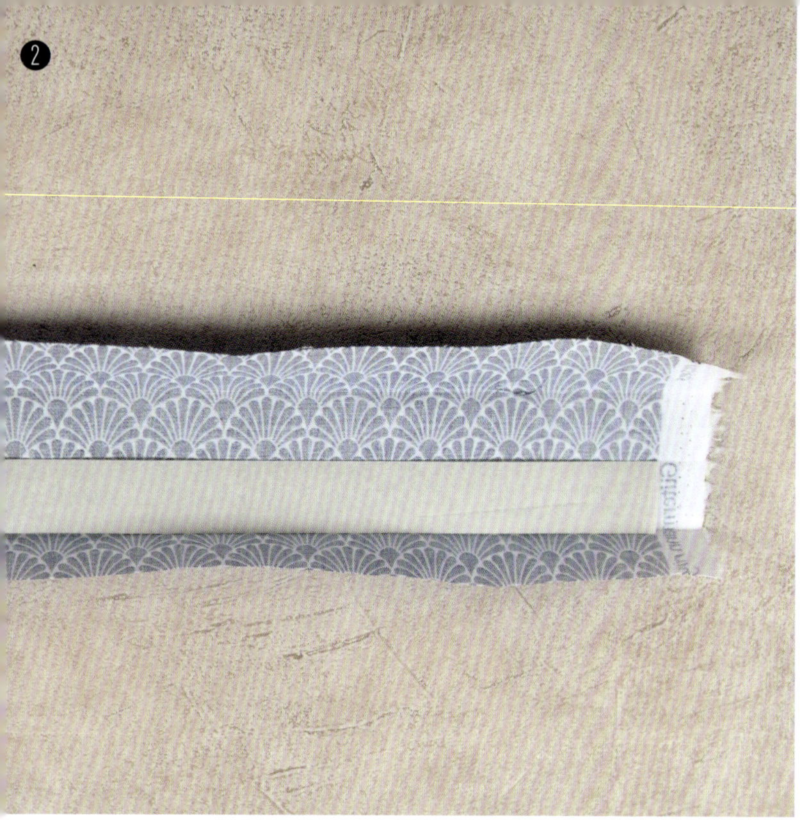
2

3

4

5

SO WIRDS GEMACHT

1. Falte den Stoffstreifen an den langen Kanten l. a. l. zur Hälfte und bügle die Bruchkante. Falte den Streifen wieder auf. Lege nun die langen Kanten l. a. l. jeweils bis zum gebügelten Mittelbruch und bügle auch hier die Bruchkanten.

2. Um der Handschlaufe Stabilität zu geben, bügle jetzt entweder den Decovil-Streifen neben dem Mittelfalz auf die linke Seite des Stoffstreifens oder lege das Gurtband in eine der Stofffalten. ❷

3. Falte alle gebügelten Brüche wieder und lege die äußeren Bruchkanten des Streifens deckungsgleich aufeinander. Nähe die langen Kanten knappkantig zusammen, steppe den Mittelbruch knappkantig ab. ❸

4. Falte den Stoffstreifen so doppelt, dass eine kurze Kante 6 cm weit übersteht. Schiebe den Rundring auf das 6 cm Stück auf, falte hier die kurze Streifenkante zuerst 2 cm weit ein und dann über den Rundring auf die andere kurze Streifenkante um. Nähe die vier Lagen mit einem Rechteck (2,5 × 2 cm) und einem genähten »X« fest. Die gekreuzte Naht sorgt für einen noch besseren Halt. ❹

5. Fädle auf ein Ende des Baumwollseils den Karabiner. Forme eine 7 cm lange Schlaufe. Nähe von Hand mit dem starken Baumwollgarn die Schlaufe dicht hinter dem Karabiner zusammen – verknote die Garnenden gut. Zusätzlich kannst du die Schlaufe mit etwas Kleber zusammenkleben. ❺

6. Umwickle Naht und Knoten nun fest und dicht mit dem Baumwollgarn. Beginne direkt hinter dem Karabiner. Wenn du am Ende der Umwicklung angekommen bist, lasse noch ca. 30 cm Garn stehen. Fädle das Garnende mit der Nähnadel unter der Umwicklung in Richtung Karabiner durch – am einfachsten geht dies mit der Flachzange.

7. Führe die Nadel durch die Seilschlaufe auf die andere Seite und ziehe die Nadel unter der Umwicklung wieder zurück. Wiederhole dies 2–3×, sichere das Garnende und schneide es ab. ❼

8. Wiederhole die Schritt 6 + 7 am anderen Seilende mit dem Rundring der Handschlaufe. ❽

TIPP:
Wie du das Halsband und das Armband für die Anhänger basteln kannst, findest du auf Seite 46.

Hundemarke & Schmuck

DIE INDIVIDUELL GEPRÄGTE HUNDEMARKE KANNST DU MIT DEM NAMEN DEINES HUNDES UND DEINER TELEFONNUMMER VERSEHEN. NACH GLEICHEM PRINZIP FERTIGST DU FÜR DICH SELBST PASSEND DAZU TOLLEN SCHMUCK.

Größe variabel, hier Ø 19 mm für Hundemarke und Ø 10 mm für Schmuckstück

SO WIRDS GEMACHT

1. Lege den Metallrohling auf den Metall-Stempelblock und beides auf einen festen Untergrund. Klebe den Metallrohling mit einem Stück Markierungstape fest, positioniere das Tape dabei so, dass der Schriftzug/Buchstabe später direkt über der oberen Tapekante geprägt wird.

2. Damit die Buchstaben deines Wunschschriftzugs gleichmäßig angeordnet sind, zeichne sie zur Orientierung an den Richtlinien auf das Markierungstape (beim Masking tape zuerst senkrechte Richtlinien aufzeichnen).

3. Positioniere dann die entsprechenden Schlagstempel nach und nach in Verlängerung der Richtlinien genau oberhalb des Tapes auf dem Rohling und präge die Buchstaben. Tipp: Verwende am besten eine Schlagstempelhalterung um deine Finger vor einem Fehlschlag mit dem Hammer zu schützen.

4. Entferne das Tape. Male mit dem Konturstift über die Gravur, lass die Farbe laut Herstellerangaben kurz trocknen und wische anschließend zügig auf der glatten Fläche mit einem Tuch die überflüssige Farbe weg. So wird die Gravur geschwärzt und kommt mehr hervor.

5. Befestige die Hundemarke/das Schmuckstück mit dem Biegering am Halsband oder einem Armband.

MATERIAL

- Metallrohling (mit Loch) für Gravuren, z.B. Ø 19 mm für Hundemarke und Ø 10 mm für Schmuckstück, messing
- Schlagstempel für gewünschte Gravur
- Optional: Schlagstempelhalterung
- Hammer
- Stempelblock aus Metall
- spezielles Markierungstape mit aufgedruckten Richtlinienmarkierungen für Gravuren (alternativ Masking Tape & Fineliner)
- Farb-Markierstift für Gravuren, schwarz
- Tuch
- Zange
- Biegering zum Befestigen

LOVE

Schlüsselanhänger

FÜR DIESEN SCHLÜSSELANHÄNGER REICHT EIN KLEINES STÜCK RESTSTOFF. NÄHE IHN AUS DEM GLEICHEN STOFF WIE HALSBAND UND TAU-LEINE, DANN PASST ER PERFEKT ZUM OUTFIT DEINES HUNDES.

Größe: 10 × 2,5 cm

MATERIAL

- Baumwollstoff, hellblau mit Federn, 20 × 10 cm
- Schlüsselband-Rohling (Breite 25 mm), kupfer
- Decovil I Light, 20 × 2,5 cm oder Gurtband (Breite 25 mm), 20 cm
- Flachzange

SO WIRDS GEMACHT

1. Falte den Stoffstreifen an den langen Kanten l. a. l. zur Hälfte und bügle die Bruchkante. Falte den Streifen wieder auf. Lege nun die langen Kanten wieder l. a. l. jeweils bis zum gebügelten Mittelbruch und bügle auch hier die Bruchkanten.

2. Um dem Schlüsselanhänger Stabilität zu geben, bügle jetzt entweder den Decovil-Streifen neben dem Mittelbruch auf die linke Seite des Stoffstreifens oder lege das Gurtband in eine der Stofffalten.

3. Falte alle gebügelten Brüche wieder ein und lege die äußeren Bruchkanten des Streifens deckungsgleich aufeinander. Nähe die offenen langen Kanten knappkantig zusammen, steppe auch den Mittelbruch knappkantig ab.

4. Lege den Stoffstreifen zu einer Schlaufe und klemme beide Enden in den Schlüsselbandrohling ein. Verschließe den Rohling fest mit einer Zange. Tipp! Lege dabei ein Tuch um den Rohling, damit er nicht verkratzt wird.

2

3

4

Rucksack

DIESER RUCKSACK MIT KORDEL-TRÄGERN UND EINER PRAKTISCHEN REIßVERSCHLUSS-AUßENTASCHE IST IDEAL BEIM GASSI GEHEN. DU KANNST IHN WAHLWEISE MIT ODER OHNE HENKEL NÄHEN.

Größe: 37 × 42 cm | Schnittteile 1a bis 1e auf Bogen A

MATERIAL

- Außenstoff: Baumwollstoff, blau, 90 × 50 cm
- Außenstoff: Baumwollstoff, blau-gemustert, 90 × 50 cm
- Innenstoff: Baumwollstoff, blau, 90 × 50 cm
- Vlies H 250, 20 × 5 cm
- Baumwollkordel (Ø 5 mm), natur, ca. 4,20 m
- Ösen (Ø 11 mm), gold, 2 Stück
- Ösenwerkzeug
- Endlosreißverschluss (Breite 3 cm/5 mm Zähnchen-Raupe), blau/gold, 40 cm
- Reißverschluss-Schieber (Breite 5 mm), gold
- Holzspieß oder Sicherheitsnadel

Für die Variante mit Henkel zusätzlich:

- Gurtband (Breite mind. 20 mm), natur, 1,00 m

ZUSCHNEIDEN

Außenstoff, blau:

1a Außentasche-Vorderseite-Unterteil: 1×

1d Außentasche-Rückseite: 1×

1e Kordeltunnel: 2×

1c Reißverschluss-Beleg: 2×

Außenstoff, blau-gemustert:

1b Außentasche-Vorderseite-Oberteil: 1×

1d Reißverschlusstasche-Futter: 1×

Innenstoff:

1d Innentasche: 2×

SO WIRDS GEMACHT

1. Zieh den Schieber auf den Endlos-RV, kürze ihn auf 35,5 cm.
2. Falte einen RV-Beleg (1c) an der Umbruchlinie l. a. l. und bügle den Bruch. Bügle außerdem die kurzen Kanten je 1 cm nach links um. Lege ein RV-Ende 1 cm weit in den gefalteten Beleg und nähe den Beleg knappkantig fest. Achtung! Nähe langsam über die RV-Zähnchen. Nähe den zweiten RV-Beleg genauso am anderen RV-Ende fest. RV inkl. Belege sollte jetzt 38,5 cm lang sein. ❷
3. Für die Vorderseite mit RV-Tasche lege den RV r. a. r. auf die obere Kante des Außentaschen-Vorderseite-Unterteils (1a). Nähe den RV fest (ca. 3–4 mm von den RV-Zähnchen entfernt). ❸

5

6A

7

9

11

13

15

16

4. Falte den RV hoch, lege die NZ zum Außentaschen-Vorderseite-Unterteil (1a) und steppe knappkantig neben der Naht ab. ❹

5. Lege Außentaschen-Vorderseite-Oberteil (1b) r. a. r auf den RV, nähe es in gleicher Weise an und steppe die NZ fest. ❺

6. Bügle bei der zusammengenähten Vorderseite mit RV (1a+b) sowie bei der Außentaschen-Rückseite (1d) an den unteren Ecken je ein 5 × 5 cm großes Vliesquadrat auf die linke Stoffseite. Diese dienen als Verstärkung, damit die Ösen nicht ausreißen.

   6a Nur für Variante mit Henkeln: Übertrage die Henkelmarkierungen auf die zusammengenähte Vorderseite (1a+b), sowie die Außentaschen-Rückseite (1d). Positioniere je ein Gurtband und nähe es innerhalb der NZ mehrmals fest. (6A)

7. Lege die Vorderseite der Außentasche (1a+b) l. a. r. auf das RV-Taschen-Futter (1d). Lege dann die Außentaschen-Rückseite (1d) r. a. r. auf die Vorderseite. ❼

8. Nähe die Lagen an den Seiten und der unteren Kante zusammen.

9. Lege beide Innentaschenteile (1d) r. a. r. aufeinander. Nähe sie wie die Außentasche zusammen, lass dabei hier an der unteren Kante eine WÖ von ca. 10–15 cm! Kürze die NZ an den Ecken bis knapp vor die Naht. ❾

10. Wende die Innentasche auf rechts.

11. Bügle bei den Kordeltunnel-Streifen (1e) jeweils die kurzen Kanten 1 cm nach links um und steppe sie fest. Falte anschließend den Streifen l. a. l. in der Längsmitte und bügle die Bruchkante. ⓫

12. Stecke die Innentasche r. a. r. in Außentasche, achten darauf, dass die Seitennähte aufeinandertreffen.

13. Lege vorne und hinten je einen gefalteten Kordeltunnel zwischen Innen- und Außentasche – offene langen Kanten zeigen nach oben und liegen kantenbündig mit den oberen Taschenkanten. Nähe die Lagen rundherum zusammennähen. Tipp: Nutze dafür den Freiarm deiner Nähmaschine. ⓭

14. Wende die Tasche. Forme die Ecken sauber aus. Schließe die WÖ. Stülpe die Innentasche l. a. l. in die Außentasche.

15. Steppe den oberen Taschenrand rundum knappkantig ab (Freiarm verwenden.) ⓯

16. Bringe an den unteren Ecken, je ca. 2 cm vom Rand entfernt, nach Herstellerangaben die Ösen an. Achte dabei darauf, dass die Lagen von Außen- und Innentasche an den Ecken flach aufeinanderliegen. ⓰

17. Für die Träger halbiere die Baumwollkordel und fädle die Stücke wie folgt ein: Eine Kordel von vorne durch eine Öse, durch den vorderen Kordeltunnel, durch den hinteren Kordeltunnel, von hinten durch die gleiche Öse zurück auf die Vorderseite und verknote dort die Kordelenden. Gleiches an der anderen Seite gegenläufig mit der zweiten Kordel ausführen. Tipp: Befestige die Kordel an einem Holzspieß oder einer Sicherheitsnadel, so kannst du sie leichter durch den Kordeltunnel fädeln.

18. Probiere den Rucksack an – sollten die Träger zu lang sein, kürze sie.

1

4

6

Für Frauchen & Hund

DIE MINI-TASCHE GIBT ES IN ZWEI GRÖßEN. DIE KLEINE TASCHE IST IDEAL UM KOTBEUTEL WÄHREND DES GASSIGEHENS AN DER LEINE AUFZUBEWAHREN. DIE GRÖßERE VARIANTE KANN FRAUCHEN PRIMA ALS MINI-BÖRSE VERWENDEN.

Größe: Groß 11 × 7,5 cm [Klein 9 × 6 cm] | Schnittteile 2a bis 2d auf Bogen A

SO WIRDS GEMACHT

1. Loche den Taschenkörper an den markierten Punkten, so dass die Schrauben hindurchpassen (Achtung: Dass Loch in der Klappe für den Kugelverschluss muss etwas größer sein, als die restlichen Löcher, ⌀ 8 mm). ❶

2. Loche den Karabiner-Riemen.

3. Klappe die linke Seite des Taschenkörpers entlang der Faltlinie zur Mitte.

4. Stecke auf das Gewinde der Buchschraube (= Teil ohne Schlitz) an einem Loch in den Karabiner-Riemen (linke Seite des Riemens zeigt nach oben). Fädle den Karabiner auf den Riemen. Stecke das Gewinde von der Rückseite aus am Taschenkörper in der linken unteren Ecke durch beide Löcher. Falte den Karabiner-Riemen mit dem zweiten Loch auf das Gewinde und verschließe die Buchschraube. ❹

5. Falte auch die rechte Seite und das Vorderteil des Taschenkörpers zur Mitte.

6. Bringe den Kugelverschluss in der Mitte durch alle Lagen hindurch an, Seiten- und Vorderteil werden dadurch fixiert. ❻

7. Wenn du magst, steppe die seitlichen Kanten des Vorderteils soweit wie möglich bis zu den Ecken knappkantig auf die Seitenteile, damit Kleinteile (z. B. Geld) nicht so leicht herausfallen.

MATERIAL

- Kunstleder, rot, 30 × 20 cm [Kork, natur-gesprenkelt, 25 × 20 cm]
- Karabiner mit Rundwirbel (Ø 10 mm), kupfer
- Buchschraube (Ø 5/10 mm, Schafthöhe 5 mm), kupfer
- Kugelverschluss (Ø 8 mm), kupfer
- Lochzange (für Ø 5 und 8 mm)
- Schlitzschraubendreher

ZUSCHNEIDEN

Groß:

2a Taschenkörper: 1x

2b Karabiner-Riemen: 1x

[Klein]:

2c Taschenkörper: 1x

2d Karabiner-Riemen: 1x

Hundedecke to go

DIESE HUNDEDECKE AUS ABWASCHBAREN OILSKIN IST IDEAL FÜR UNTERWEGS, UND MIT DER SCHICKEN HANDSCHLAUFE AUS BIOTHANE® LÄSST SIE SICH AUCH GANZ EINFACH TRANSPORTIEREN.

Größe: ca. 73 × 98 cm

MATERIAL

- Oilskin, grau, 100 × 75 cm
- Oilskin, rosa, 100 × 75 cm
- dickes Volumenvlies (z.B. P 250), 100 × 75 cm
- Biothane® (Breite 16 mm), hellbraun, 80 cm
- Buchschrauben (Ø 5/10 mm, Schafthöhe 5 mm), silber, 10 Stück
- Kugelverschluss (Ø 8 mm), silber
- Lochzange (für Ø 5 und 8 mm)
- Schlitzschraubendreher

SO WIRDS GEMACHT

1. Lege die Oilskin-Teile r. a. r. und obenauf das Volumenvlies. Achtung: Verwende Wonderclips zum Fixieren! Nähe die Lagen bis auf eine WÖ von ca. 15 cm zusammen.
2. Wende die Decke und steppe rundum knappkantig ab, dabei wird die WÖ geschlossen.
3. Schneide folgende Stücke Biothane® ab: Handschlaufe 40 cm, Schlaufenring 20 cm, Verschluss-Streifen 2 × 8 cm.
4. Loche Handschlaufe und Schlaufenring an beiden Enden mit je zwei Löchern (Ø 5 mm/Abstand 1,5 cm). Loche die Verschluss-Streifen an je einem Ende ebenso. Bringe an einem Verschluss-Streifen am zweiten Ende den Kugelverschluss an und stanze am zweiten Verschluss-Streifen das Loch für den Kugelverschluss ein (Abstand je 1, 5 cm zur Kante).
5. Lege die Handschlaufe laut Skizze an einer kurzen Deckenkante mit einem Ende 4 cm weit auf die

5

6A

6B

7

Decke und übertrage die Positionen der Löcher. Loche die Decke. Lege die Handschlaufe doppelt, die Enden deckungsgleich mit den Löchern auf bzw. unter die Decke und befestige sie mit Buchschrauben. ❺

6. Lege den Schlaufenring laut Skizze an der gleichen kurzen Deckenkante mit beiden Enden je 4 cm weit auf die Decke – der Abstand zwischen den Schlaufenring-Enden sollte ca. 5 cm betragen. Übertrage die Positionen der Löcher, loche die Decke und befestige den Schlaufenring mit Buchschrauben. 6A 6B

7. Befestige die Verschluss-Streifen in gleicher Weise laut Skizze an den langen Deckenkanten. ❼

8. Für den Transport falte die Decke an den kurzen Kanten links auf links, dann nochmals quer zur Hälfte und schließe den Verschluss.

9. Stecke die Handschlaufe durch den Schlaufenring – fertig!

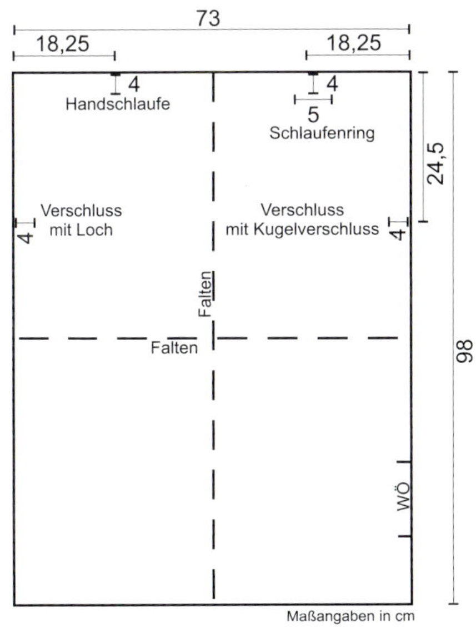

TIPP:
Infos zu Biothane® und zur Verarbeitung findest du auf Seite 5 und 9.

2

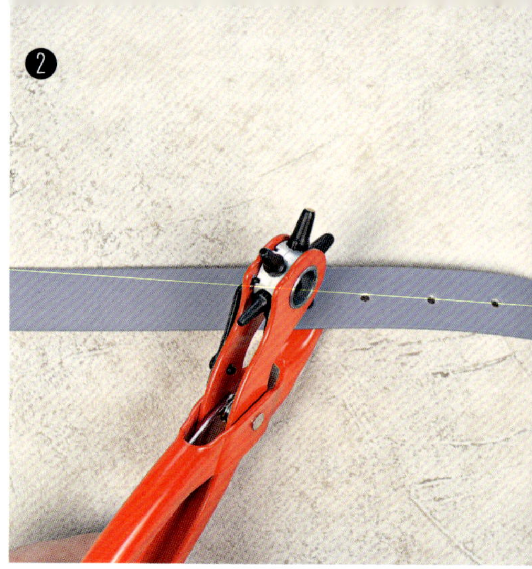

3

4

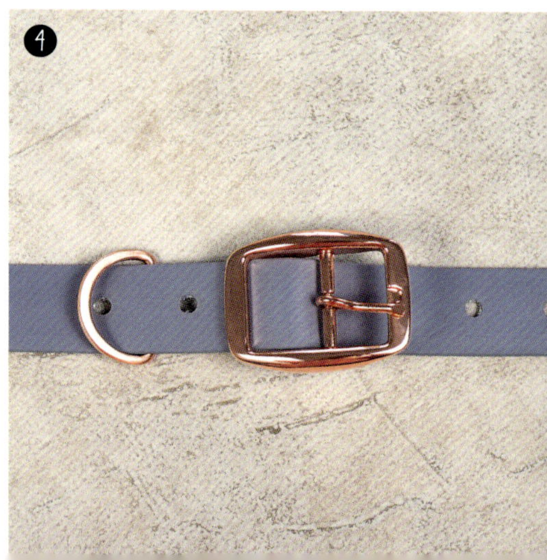

Biothane®-Halsband

BIOTHANE® GIBT ES IN VIELEN BUNTEN FARBEN SOWIE VERSCHIEDENEN BREITEN. ES LÄSST SICH IDEAL FÜR EIN HALSBAND – EXAKT PASSEND ZUR HUNDEGRÖSSE – VERWENDEN.

Größe: Umfang variabel, Breite 2,5 cm

MATERIAL

- Biothane® (Breite 25 mm), hellgrau, Länge siehe Punkt 1
- Buchschrauben (Ø 5/10 mm, Schafthöhe 5 mm), kupfer, 2 Stück
- Doppelstegschnalle (Breite 25 mm), kupfer
- D-Ring (Breite 25 mm), kupfer
- Lochzange (für Ø 5 mm)
- Schlitzschraubendreher

SO WIRDS GEMACHT

1. Messe den Halsumfang des Hundes. Addiere zu dem gemessenen Wert 20 cm und schneide ein entsprechendes Stück Biothane® zu.
2. Schneide ein Ende des Biothane®-Streifens zur Spitze. Stanze ab dem Streifenende mehrere Löcher ein, damit das Halsband später noch verstellbar ist. Ich empfehle sechs Löcher im Abstand von 2,5 cm. ❷
3. Lege das zweite Streifenende um den Steg der Doppelstegschnalle und falte den Streifen 7 cm weit um. ❸
4. Stanze im Abstand von 1 cm und 2,5 cm zur Schnalle jeweils Löcher durch beide Biothane®-Lagen. Tipp: Sind dir zwei Lagen zu dick, kannst du das Band auch erst 1-lagig lochen und dann die Position des Lochs auf die gefaltete zweite Lage übertragen. ❹
5. Fixiere den Umschlag hinter der Gürtelschnalle mit einer Buchschraube (durch die Löcher bei 1 cm). Fädle den D-Ring auf, schiebe ihn bis zur ersten Buchschraube zwischen den Umschlag und fixiere die Lagen mit einer weiteren Buchschraube (bei den 2,5 cm Löchern).

3

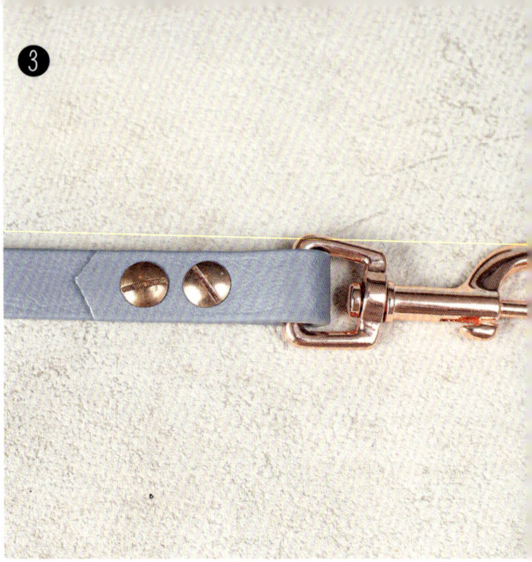

4

5

Biothane®-Leine

DIESE LEINE, PASSEND ZUM BIOTHANE®-HALSBAND (ODER AUCH ZU DEINER NEUEN TASCHE MIT BIOTHANE®-HENKEL VON SEITE 34), IST CA. 2 M LANG UND 3-FACH VERSTELLBAR.

Länge: Ca. 2 m

SO WIRDS GEMACHT

1. Schneide folgende Stücke Biothane® ab: Leine 200 cm, Belege 2 × 6 cm. Schneide alle Enden zu Spitzen.

2. Falte die Enden der Leine je 6 cm weit um und stanze im Abstand von 1,5 cm zur Bruchkante und noch einmal im Abstand von 2,5 cm zur Bruchkante Löcher durch beide Biothane®-Lagen. Tipp: Sind dir zwei Lagen zu dick, kannst du das Band auch erst 1-lagig lochen und dann die Position des Lochs auf die gefaltete zweite Lage übertragen.

3. Fädle an einem Leinenende einen Karabiner auf und fixiere den Umschlag mit zwei Buchschrauben. ❸

4. Fädle am anderen Leinenende den zweiten Karabiner und einen D-Ring auf. Fixiere den Umschlag hinter dem Karabiner mit einer Buchschraube (durch die Löcher bei 1,5 cm ab Bruchkante). Schiebe den D-Ring bis zur ersten Buchschraube zwischen den Umschlag und fixiere die Lagen mit einer weiteren Buchschraube (bei den 2,5 cm Löchern ab Bruchkante). ❹

5. Loche bei den Belegen jeweils beide Enden mit 1,5 cm Abstand zur Spitze. Messe von jedem Leinenende aus 55 cm ab und lege dort je einen Beleg auf. Markiere die Lochpositionen der Belege auf der Leine und loche die Leine an diesen Stellen. Fädle je einen D-Ring auf einen Beleg und befestige den Beleg mit Buchschrauben an der Leine. ❺

MATERIAL

- Biothane® (Breite 16 mm), hellgrau, 2,15 m
- Buchschrauben (Ø 5/10 mm, Schafthöhe 5 mm), kupfer, 8 Stück
- D-Ringe (Ø 16 mm), kupfer, 3 Stück
- Karabiner (Ø 16 mm), kupfer, 2 Stück
- Locheisen oder Lochzange (Ø 5 mm)
- Schlitzschraubendreher

TIPP:
Infos zu Biothane® und zur Verarbeitung findest du auf Seite 5 und 9.

2

3

4

Tasche fürs Frauchen

IN DIESER TASCHE IST GENÜGEND PLATZ FÜR HUNDEZEUG UND KRIMSKRAMS. DIE HENKEL AUS BIOTHANE® KÖNNEN FARBLICH PASSEND ZU LEINE ODER HALSBAND GEWÄHLT WERDEN.

Größe: Ca. 39,5 × 42 × 7 cm | Schnittteile 4a bis 4e auf Bogen B

MATERIAL

- Außenstoff: Canvas oder Baumwollstoff, natur, 95 × 20 cm
- Außenstoff: Canvas oder Baumwollstoff, lachsfarben, 85 × 40 cm
- Innenstoff: Baumwollstoff, graublau, 110 × 55 cm
- Decovil I Light, 90 × 50 cm
- Biothane® (Breite 16 mm), hellgrau, 140 cm
- Buchschrauben (Ø 5/10 mm, Schafthöhe 5 mm), kupfer, 8 Stück
- Endlosreißverschluss (Breite 3 cm/5 mm Zähnchen-Raupe), natur/kupfer, 40 cm
- Reißverschluss-Schieber (Breite 5 mm), kupfer
- Lochzange (für Ø 5 mm)
- Schlitzschraubendreher
- Optional: Stylefix

ZUSCHNEIDEN

Außenstoff, natur:
4a Außentasche-Oberteil: 2×
4d Reißverschluss-Beleg: 2×
Außenstoff, lachsfarben:
4b Außentasche-Unterteil: 2×
Innenstoff:
4c Innentasche: 2×
4d Aufgesetzte Innentasche: 1×
Decovil I Light:
4c Innentasche: 2×

SO WIRDS GEMACHT

1. Bügle das Decovil I Light nach Herstellerangaben auf die linke Seiten der Innentaschenteile (4c).

2. Für die Außentasche lege ein Oberteil (4a) r. a. r. an der geraden Kante auf ein Unterteil (4b). Nähe beides entlang der Kante zusammen. ❷

3. Falte die Teile auf, lege die NZ zum Unterteil (4a) und steppe knappkantig neben der Naht ab. Wiederhole diese Schritte mit den anderen Teilen 4a und 4b. ❸

4. Falte einen RV-Beleg (4d) an der Umbruchlinie l. a. l. und bügle den Bruch. Bügle außerdem die kurzen Kanten je 1 cm nach links um. Zieh den Schieber auf den Endlos-RV, kürze ihn auf 36 cm. Lege ein RV-Ende 1 cm weit in den gefalteten Beleg und nähe den Beleg knappkantig fest. Achtung! Nähe langsam über die RV-Zähnchen. Nähe den zweiten RV-Beleg genauso am anderen RV-Ende fest. RV inkl. Belege sollte jetzt 41 cm lang sein. ❹

11. Öffne den RV bis zur Mitte (damit du die Tasche später wenden kannst).

12. Lege nun jeweils die Außenteile (4a+b) sowie die Innenteile (4c) r. a. r. aufeinander. Achte darauf, dass bei den Außenteilen die Nähte von 4a+b exakt aufeinanderliegen. Die RV-Enden liegen auf der Seite der Außentasche (Teil 4a+b). Nähe alles – bis auf eine WÖ von ca. 10–15 cm in der Bodennaht des Innenteils – rundherum zusammen. ⓬

5. Für die aufgesetzte Innentasche falte Teil 4e am Stoffbruch r. a. r. und nähe die offenen Kanten – bis auf die WÖ – zusammen. Schneide die NZ an den Ecken bis kurz vor die Naht schräg ab. ❺

6. Wende die aufgesetzte Innentasche und forme die Ecken aus. Schlage die NZ an der WÖ nach innen und bügle die Kanten flach. Steppe die Bruchkante knappkantig ab, das ist die Eingriffkante.

7. Lege die Tasche auf ein Innenteil 4c (Position siehe Schnittteil) und nähe sie knappkantig fest. Dabei wird gleichzeitig die WÖ geschlossen. ❼

8. Tipp: Beklebe das Reißverschluss-Band auf beiden Seiten mit Stylefix um den RV zu fixieren. Lege den RV r. a. r an die obere Kante eines Außentaschenteiles (4a+b). Lege dann ein Innenteil (4c) r. a. r. auf das Außentaschenteil. Nähe alle drei Teile entlang des RV, mit 3 mm Abstand zur Zähnchen-Raupe, zusammen. Verwende am besten einen RV-Nähfuß. ❽

9. Wiederhole Schritt 8 mit den anderen Teilen 4a+b und 4c am zweiten RV-Band.

10. Lege nun auf beiden Seiten des RV je ein Außenteil (4a+b) und ein Innenteil (4c) l. a. l. aufeinander. Streiche die Lagen von RV weg gut glatt. Steppe durch beide Stofflagen entlang der Naht ab. So werden die oberen Kanten der Außen- und Innentasche fixiert, damit sich später nichts im RV verhakt. Tipp: Wenn du am RV-Zipper angelangt bist, lasse die Nadel im Stoff stecken und hebe den Nähfuß an. Drehe den Stoff etwas, damit du den Zipper besser am Nähfuß vorbeischieben kannst. Senke den Nähfuß und nähe weiter. ⑩A ⑩B

13. Lege Außen- und Innentasche an den Ecken r. a. r. jeweils so, dass die Seiten- und Bodennaht aufeinandertreffen und nähe die Eck-Kante zusammen. ⓭

14. Wende die Tasche. Forme die Ecken schön aus und schließe die WÖ.

15. Halbiere für die Henkel den Biothane®-Streifen. Stanze an jedem Henkelende zwei Löcher ein (Abstand 1,5 cm). Positioniere auf der Taschenvorderseite und auf der Taschenrückseite jeweils die Enden eines Henkels je 6 cm von der Taschenmitte und 5 cm zur oberen Reißverschlusskante. Übertrage die Löcher und loche an diesen Punkten die Tasche. ⓯

16. Befestige die Henkel mit Buchschrauben ⓰.

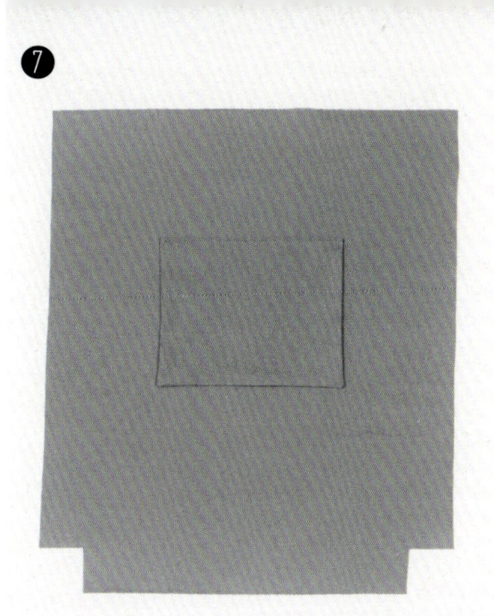
7

8

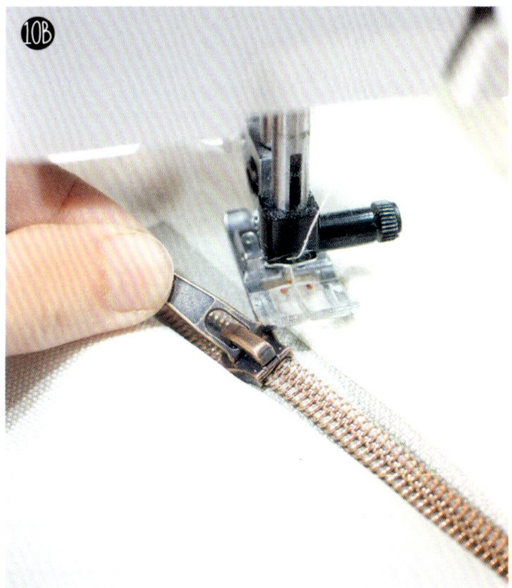
10B

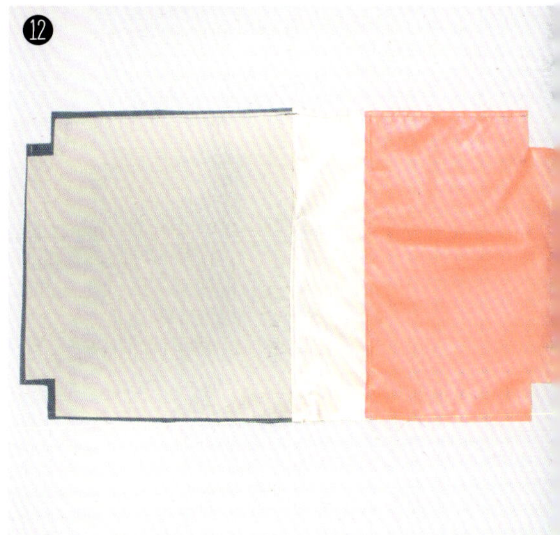
12

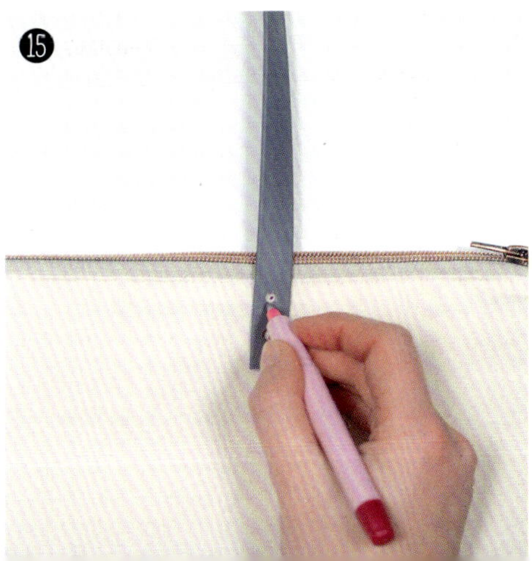
15

16

Zum Anziehen

I ♥ MY DOG

TIPP:
Damit die Schnittkanten nicht ausfransen, verschmelze sie bei einem Kunststoff(PP)-Seil mit dem Feuerzeug. Ein Baumwollseil umklebe an der Schnittstelle zuerst mit Klebeband und schneide es dann inkl. Klebeband durch.

Tau-Hundehalstuch

EIN HINGUCKER IM MARITIMEN LOOK FÜR DEINEN HUND! MIT HILFE DER REGLER KANNST DU DAS HALSTUCH ENGER ODER WEITER STELLEN – GANZ OHNE ES ZU KNOTEN.

Größe: XS/S/M/L | Schnittteile 5a bis 5c auf Bogen A

MATERIAL

- Baumwollstoff, blau-geblümt, 16 × 12 / 23 × 15 / 28 × 20 / 32 × 24 cm
- Baumwollstoff, hellblau-weiß, 16 × 12 / 23 × 15 / 28 × 20 / 32 × 24 cm
- Kunststoff(PP)- oder Baumwollseil, geflochten, siehe Tabelle
- Korkstoff, natur-gesprenkelt, 10 × 6 / 13 × 6 / 16 × 7 / 22 × 9 cm
- Textilkleber
- Zickzackschere
- Feuerzeug oder transparentes Klebeband

ZUSCHNEIDEN

Baumwollstoff, blau-geblümt:

5a Halstuch: 1×

Baumwollstoff, hellblau-weiß:

5a Halstuch: 1×

Korkstoff, natur-gesprenkelt:

5b Regler: 2× [Nur 1× für Größe XS]

5c Endkappe: 2×

Größe	Hunderasse	Halstuchgröße	Seil-Länge	Seil Ø
XS	Chihuahua, Zwergpinscher, etc.	ca. 11 × 8 cm	40 cm	6 mm
S	Yorkshire Terrier, Dackel, Sheltie, etc.	ca. 18 × 12 cm	60 cm	6 mm
M	Australian Shepherd, Labrador, etc.	ca. 23 × 16 cm	80 cm	8 mm
L	Großer Labrador, Dogge, etc.	ca. 27 × 19 cm	100 cm	10 mm

SO WIRDS GEMACHT

1. Bügle an den Halstuchteilen (5a) jeweils die NZ der geraden Seitenkanten nach links um und steppe sie knappkantig fest. Hier ist später die Tunnelöffnung für das Seil. ❶
2. Lege beide Halstuchteile (5a) r. a. r. aufeinander. Nähe die Lagen an den oberen Kanten und beiden schrägen Seitenkanten zusammen. ❷
3. Wende das Halstuch durch eine der Öffnungen und forme die Ecken aus. Stülpe die Kanten der Tunnelöffnungen 1 cm breit nach innen, sodass man die Nähte nicht mehr sieht. Bügle das Halstuch flach. ❸
4. Für die [den] Regler falte Teil 5b l. a. l. an der Faltlinie. Steppe die offene lange Kante ab. Beschneide die NZ mit der Zickzackschere. ❹
5. Für die Endkappen falte je ein Teil 5c l. a. l. an der Faltlinie. Steppe die offene lange und eine kurze Kante ab. Beschneide die NZ mit der Zickzackschere. ❺
6. Schiebe das Seil durch den Tunnel in das Halstuch. Fädle die [den] Regler an einer Seite des Halstuchs auf das Seil und schiebe anschließend das zweite Seilende gegenläufig durch die [den] Regler. ❻
7. Bestreiche die Seilenden mit Kleber und stecke je eine Endkappe darüber. Fixiere die Endkappen mit Wonderclips bis der Kleber trocken ist. ❼

4

6

TIPP:

Wie du als Anhänger eine individuelle Hundemarke oder ein Schmuckstück basteln kannst, findest du auf Seite 18.

Markenband & Armband für Anhänger

EIN MARKENBAND KANN EINFACH ZU JEDEM HALSBAND GETRAGEN, SO MUSS DIE HUNDEMARKE NICHT FÜR VERSCHIEDENE HALSBÄNDER MÜHSELIG GEWECHSELT WERDEN. BASTLE IN GLEICHER WEISE FÜR DICH SELBST EINE KLEINERE VARIANTE ALS ARMBAND.

Größe: Umfang variabel, Ø 10 mm

SO WIRDS GEMACHT

1. Messe den Halsumfang deines Hundes sowie deinen Handgelenkumfang – das Maßband soll locker liegen – und schneide in diesen Längen je ein Stück Baumwollseil zu. Tipp: Umklebe die Stelle, an der du das Seil zerschneiden möchtest, zuvor mit Klebeband und schneide es dann inkl. Klebeband durch. So franst das Seil nicht aus und du kannst es später leichter in den Magnetverschluss schieben und verkleben.

2. Fädle einen Rundring auf ein Seilstück.

3. Fülle etwas Kleber in die Endkappen eines Magnetverschlusses und stecke je ein Seilende hinein.

4. Hänge mit einem Biegering die Hundemarke/den Schmuckanhänger am Rundring ein. Verschließe den Biegering sorgfältig mit einer Zange, damit der Anhänger nicht verloren geht!

MATERIAL

- Baumwollseil (Ø 10 mm), natur, siehe Punkt 1
- Magnetverschluss mit Endkappe (Ø 10 mm), silber, 2 Stück
- Rundring (Ø 12 mm), silber, 2 Stück
- transparentes Klebeband
- Textil- oder Sekundenkleber
- ggf. Biegering für Anhänger & eine Klemmzange

TIPP:
Nähe am besten mit einer Overlockmaschine, alternativ verwende bei der Nähmaschine einen Jersey- oder Overlockstich für elastische Stoffe oder einen Zickzackstich.

Beanie mit Statement Label

MIT DIESER BEANIE AUS GROBSTRICKBÜNDCHEN BIST DU NICHT NUR GEGEN KALTEN WIND GESCHÜTZT, DU KANNST MIT EINEM STATEMENT AUF DEM SELBSTGEMACHTEN LABEL AUCH NOCH ZEIGEN, WIE HUNDEVERRÜCKT DU BIST!

Größe: Kopfumfang 54–59 cm | Schnittteil 6 auf Bogen A

MATERIAL

Zweifarbig:

- Außen: Grobstrickbündchen, petrol [pink], 45 × 35 cm
- Innen: Grobstrickbündchen, mint [rosa], 45 × 35 cm

Einfarbig:

- Außen und Innen: Grobstrickbündchen, mint, 70 × 35 cm

Pro Beanie:

- Label: Kunstleder, Kork oder Snap-Pap, 6 × 4 cm
- wasserfester Stift

ZUSCHNEIDEN

Grobstrickbündchen:

6 Beanie: Je 1× im Stoffbruch aus Außen- und Innenstoff

HINWEIS:

Durch den elastischen Bündchenstoff ist die Mütze in der Größe sehr anpassungsfähig. Solltest du jedoch einen sehr kleinen oder sehr großen Kopfumfang haben, kannst du das Schnittmuster rundum 1 cm verkleinern oder vergrößern.

SO WIRDS GEMACHT

1. Lege das Außenteil im Stoffbruch r. a. r. und nähe die offenen Kanten zwischen den Schnittmarkierungen 1–2 sowie 3–4 zusammen. ❶
2. Ziehe das Teil quer auseinander und lege am oberen Mützenrand die noch offenen Kanten des »V« r. a. r. so aufeinander, dass die Nähte der zuvor geschlossenen Rundungen genau aufeinandertreffen. Es bildet sich eine neue Rundung. Nähe sie zusammen. ❷
3. Wiederhole die Schritte 1 und 2 mit dem Innenteil, lass dabei die WÖ von ca. 5 cm frei.
4. Wende die Innenseite und stülpe sie r. a. r. in die Außenseite. Lege die Nähte exakt aufeinander. ❹
5. Nähe die noch offene Kante rundherum zusammen (nutze ggf. den Freiarm deiner Nähmaschine).
6. Wende die Mütze durch die WÖ. Schließe die WÖ mit einem Geradstich oder von Hand. ❻
7. Stülpe die Innenmütze l. a. l. in die Außenmütze und schlage die Krempe um.
8. Schreibe dein Statement mit einem wasserfesten Stift auf das Label und nähe es mit einem Geradstich knappkantig auf die Krempe. ❽

2

6

FRAUCHEN
HELLO

1

3

5

7
Gütermann

Schleife für Hund und Haar

DIESE SCHLEIFE KANN EIN DEKORATIVES ACCESSOIRE FÜR DAS HUNDEHALSBAND ODER EIN SCHICKER HAARSCHMUCK FÜR DICH SELBST SEIN.

Größe: S/M/L | Schnittteile 7a und 7b auf Bogen A

SO WIRDS GEMACHT

1. Halbiere das Gummiband. Lege je ein Stück im Abstand von ca. 3 cm zu den kurzen Kanten senkrecht, mittig auf ein Schleifenteil (7a), schlage die Gummibandenden ein und steppe sie knappkantig fest. Durch diese Gummibandschlaufen wird später das Halsband gefädelt. ❶

2. Lege die Schleifenteile (7a) r. a. r. aufeinander und nähe die langen Kanten zusammen.

3. Bügle die NZ auseinander. ❸

4. Wende die Schleife und bügle die verstürzten Kanten flach.

5. Falte die kurzen Streifenkanten zur Mitte – Gummiband zeigt nach oben – und steppe sie knappkantig durch alle Lagen fest. ❺

6. Lege in der Schleifenmitte zwei Falten ein, nähe diese von Hand mit einigen Stichen zusammen, damit die Schleife diese Form behält.

7. Falte das Schleifenband (7b) an der Faltlinie r. a. r. und nähe die langen Kanten zusammen. Bügle die NZ auseinander, wende den Streifen und bügle ihn flach. Lege das Schleifenband um die Schleifenmitte und klebe die Enden auf der Rückseite überlappend zusammen. (Falls die Schleife eine Haarspange werden soll, lege vor dem Kleben die Haarklammer dazwischen.) Fixiere das Schleifenband mit einer Stoffklammer bis der Kleber getrocknet ist. ❼

8. Fädle die Schleife auf das Hunde-Halsband.

MATERIAL

- Baumwollstoff, hellblau-weiß, 45 x 8/ 55 x 10/ 70 x 12 cm
- Gummiband (Breite 7 mm), 6/ 8/ 10 cm
- Haarklammer
- Handnähnadel
- Textilkleber

ZUSCHNEIDEN

Baumwollstoff, hellblau-weiß:

7a Schleife: 2x

7b Schleifenband: 1x

Easy Halstuch für Hund & Frauchen

SCHNELL & EINFACH SIND DIESE HALSTÜCHER AUS ANGENEHMEM MUSSELIN GENÄHT. DIE GRÖẞE DES HUNDEHALSTUCHS KANNST DU LEICHT FÜR DEINEN HUND INDIVIDUALISIEREN.

Größe: Hund 96 × 20 cm, Mensch 150 × 60 cm

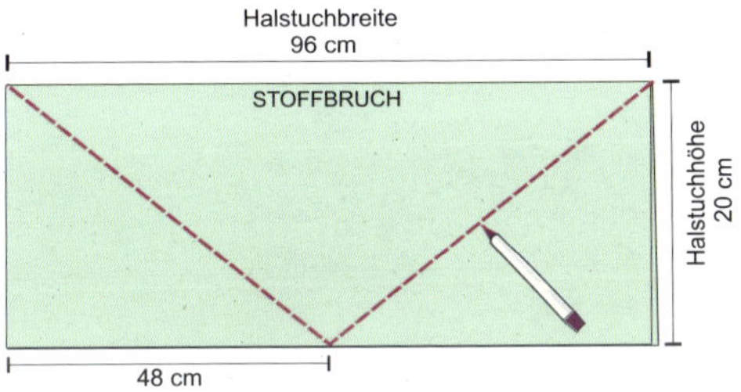

SO WIRDS GEMACHT

1. Lege den Stoff an den langen Kanten zur Hälfte. Markiere an den offenen langen Kanten die Mitte (hier bei 48 cm von der Seite). Zeichne nun je eine Linie vom seitlichen Ende der Stoffbruchkante nach unten zur Mitte. Schneide die Lagen an den Linien durch. Tipp: Dafür eignet sich ein Rollschneider mit Schneidematte und ein langes Patchworklineal besonders gut.
2. Falte das Tuch-Dreieck auf und versäubere die Stoffkanten mit einem Zickzack- oder Versäuberungsstich der Nähmaschine. Du kannst auch eine Overlock dafür verwenden. Sollten sich die Stoffkanten wellen, dämpfe sie.
3. Falte das Tuch wieder an der Bruchkante zur Hälfte und lege an den seitlichen Spitzen je einen festen Knoten. Fertig zum Umbinden!

MATERIAL

- Musselin, mint, für Hund 96 × 40 cm
- Musselin, mint, für Mensch 150 × 120 cm

ERMITTLE DIE MAẞE FÜR EIN INDIVIDUELLES HUNDEHALSTUCH:

Messe für die fertige Breite des Halstuchs den Halsumfang deines Hundes und multipliziere den Wert mit 3. Messe für die fertige Höhe des Halstuchs an deinem Hund die Strecke vom Hals bis zum Ellbogengelenk. Da der Stoff doppelt liegen soll, multipliziere diesen Wert mit 2.

Mein Modell-Beispiel: Der Halsumfang beträgt 32 cm, multipliziert mit 3 ergibt das 96 cm für die Stoffbreite. Die Stecke vom Hals zum Ellbogengelenk ist ca. 20 cm, multipliziert mit 2 ergibt das 40 cm für die Stoffhöhe. Demnach wird hier ein Rechteck von 96 × 40 cm benötigt.

TIPP:
Nähe am besten mit einer Overlockmaschine, alternativ verwende bei der Nähmaschine einen Jersey- oder Overlockstich für elastische Stoffe oder einen Zickzackstich.

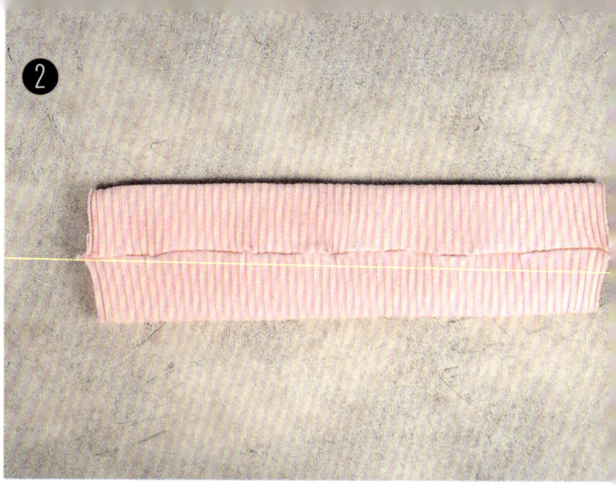

Stirnband fürs Frauchen, Loop für den Hund

DIESES MODELL KANN FÜR HUND UND FRAUCHEN GENÄHT WERDEN. ENTWEDER ALS SCHLEIFEN-STIRNBAND ODER ALS HUNDELOOP. FÜR DEN HUNDELOOP EIGNET SICH DIE SCHLEIFENFORM SEHR GUT, DA MAN SO OHNE PROBLEME NOCH AN DEN D-RING DES HALSBANDES KOMMT.

S/M/L = Umfang 26,5/35,5/43,5 cm; Höhe 8/11/13,5 cm | Schnittteile 8a und 8b auf Bogen A

SO WIRDS GEMACHT

1. Lege das Basisband (8a) an den langen Kanten r. a. r. und nähe die Kanten zusammen.
2. Wende den entstandenen Schlauch und lege ihn l. a. l. flach, sodass die Naht in der Längsmitte liegt. Tipp: Sollte sich die Naht wellen, dämpfe sie. ❷
3. Lege den Schleifen-Riemen (8b) an den langen Kanten r. a. r. und nähe die Kanten zusammen. ❸
4. Wende den entstandenen Schlauch und lege ihn l. a. l. flach, sodass die Naht in der Längsmitte liegt. Lege die offenen Kanten aufeinander (die Naht der Längsmitte zeigt nach außen) und nähe sie zusammen. Falls die Stofflagen an der Naht sehr dick sind, kannst du die NZ in entgegengesetzte Richtungen legen. ❹
5. Wende den Schleifen-Riemen und stülpe ihn auf das Basisband. Nähe die offenen Kanten des Basisbandes, wie beim Schleifen-Riemen beschrieben, zusammen. ❺
6. Wende das Basisband, sodass die Längsnaht nach innen zeigt. Ziehe den Schleifen-Riemen mittig über die Quernaht des Basisbandes, um sie zu verdecken.

MATERIAL

- Grobstrickbündchen, rosa [mint], 40 × 25/ 50 × 30/ 60 × 35 cm

ZUSCHNEIDEN

Grobstrickbündchen:

8a Basisband: 1×

8b Schleifen-Riemen: 1×

Spielen und Kuscheln

1

2

3

4

Kissenhülle

DIESES KISSEN ZEIGT GLEICH, DAS DEIN HERZ FÜR DEINEN HUND SCHLÄGT. DIESE KISSENHÜLLE SETZT EINEN SCHÖNEN AKZENT AUF DEM SOFA ODER IM HUNDEKÖRBCHEN.

Größe: 30 × 30 cm | Schnittteile 9a bis 9c auf Bogen B

SO WIRDS GEMACHT

1. Bügle je ein passendes Stück Vliesofix auf die linke Seite der Stoffteile 9b und 9c. Zeichne auf das Vliesofix beim hellblauen Stoffes das Herz, beim rosafarbenen Stoff die Pfote. Schneide die Teile aus und entferne die Papierträger von der Klebeschicht. ❶

2. Bügle das Herz mittig auf das Kissenteil (9a), anschließend die Pfote auf das Herz. Steppe das Herz, sowie die Pfotenteile knappkantig mit Geradstich fest. ❷

3. Falte die kurzen Kanten des Kissenteils je einmal 2 cm breit l. a. l. um, dann den Umschlag nochmals 2 cm nach links ein und nähe den Saum knappkantig fest. ❸

4. Schlage nun die gesäumten Kanten des Kissenteils r. a. r. um, so dass sie sich ca. 15 cm weit überlappen und das Teil in der Höhe 30 cm misst (das Herz sollte sich mittig befinden). ❹

5. Nähe die seitlichen Kanten zusammen. Wende die Kissenhülle und forme die Ecken aus.

MATERIAL

- Baumwollstoff, rosa, 95 × 35 cm
- Baumwollstoff, hellblau, 20 × 20 cm
- Vliesofix, 30 × 20 cm
- Kissenfüllung, 30 × 30 cm

ZUSCHNEIDEN

Baumwollstoff, rosa:

9a Kissenteil: 1x im Stoffbruch

9c Applikation-Pfote: 1 Teil 10 × 10 cm

Baumwollstoff, hellblau:

9b Applikation-Herz: 1 Teil 20 × 20 cm

1

2

3

4

Hundespielzeug

DAS SÜßE PFOTENSPIELZEUG SORGT FÜR JEDE MENGE SPAß ZUSAMMEN MIT DEINEM HUND!

Größe: 19 × 17 cm | Schnittteile 10a und 10b auf Bogen B

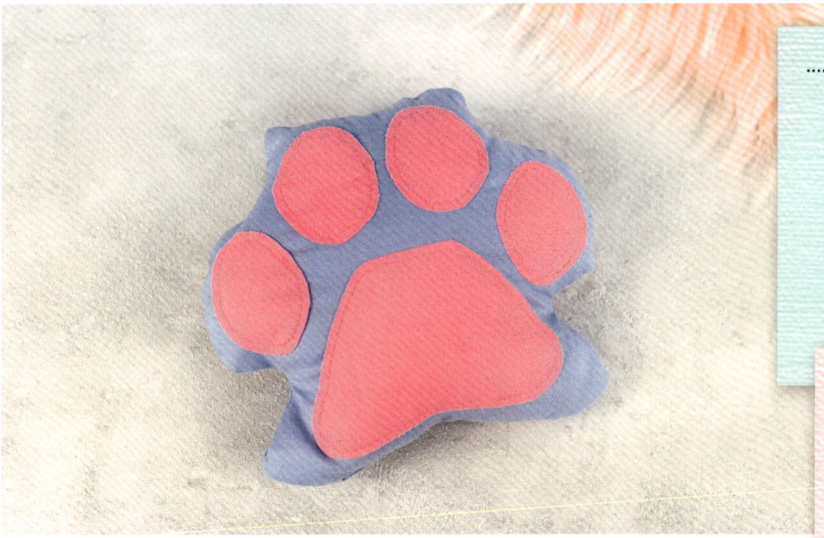

MATERIAL

- Baumwollstoff, hellblau, 45 × 20 cm
- Baumwollstoff, rosa, 20 × 16 cm
- Vliesofix, 20 × 16 cm
- Füllwatte
- Zickzackschere
- Stift
- Optional: Quietschie

ZUSCHNEIDEN

Baumwollstoff, hellblau:

10a Kissenteil: 2×

Baumwollstoff, rosa:

10b Applikation-Pfote: 1 Teil 20 × 16 cm

SO WIRDS GEMACHT

1. Bügle das Vliesofix auf die linke Seite des Teils 10b. Zeichne die Teile der Pfote auf das Vliesofix. ❶
2. Entferne jeweils den Papierträger von der Klebefläche. Bügle die Pfotenteile entsprechend der Vorlage auf ein Spielzeugteil (10a). Steppe die Pfotenteile knappkantig mit Geradstich fest. ❷
3. Lege das zweites Kissenteil (10a) r. a. r. auf das Kissenteil mit Applikation. Nähe die Teile – bis auf eine WÖ von ca. 5 cm – rundherum zusammen. ❸ Schneide mit der Zickzackschere die NZ zurück (oder schneide kleine Dreiecke in die NZ). ❹
4. Wende das Kissen und stopfe es locker mit Füllwatte. Optional kannst du noch ein Quietschie mit einlegen. Schließe die WÖ.

1

3

Hundekissen

KUSCHELIGE SCHLAFPLÄTZE KÖNNEN UNSERE HUNDE NIE GENUG HABEN – DESHALB HIER EIN HUNDEKISSEN, DASS SICH AUCH PERFEKT FÜR DAS KOFFERKÖRBCHEN VON SEITE 66 EIGNET.

Größe: 65 × 10 × 45 cm

SO WIRDS GEMACHT

1. Lege Ober- und Unterseite r. a. r. aufeinander. ❶
2. Nähe einmal rundherum und lass an einer langen Kante mittig eine WÖ von ca. 10 cm.
3. Zieh die Lagen an eine Ecke auseinander und lege die Nähte r. a. r. deckungsgleich aufeinander. Messe an der Naht 5 cm (= ½ fertige Höhe. Passe dieses Maß ggf. an deine Wunschhöhe an) ab der Spitze und zeichne dort im 90° Winkel eine Linie über die ganze Breite auf. Nähe entlang der Linie. Schneide die Spitze bis 0,7 cm vor die Naht ab. ❸
4. Näh die restlichen drei Ecken genauso.
5. Wende das Kissen, fülle es mit Füllwatte und schließe die WÖ.

MATERIAL

- Baumwollstoff, hellblau mit Federn, 80 × 60 cm
- Baumwollstoff, hellblau-weiß mit Ornamentmuster, 80 × 60 cm
- Füllwatte
- Stift
- Lineal

ZUSCHNEIDEN

Baumwollstoff, hellblau mit Federn:

Oberseite 76 × 56 cm

Baumwollstoff, hellblau-weiß-Ornamentmuster:

Unterseite 76 × 56 cm

FALLS DU EINE ANDERE KISSENGRÖSSE BRAUCHST:

Messe die Breite, Höhe und Tiefe des Hundekörbchens aus bzw. überlege dir, welche Maße das Kissen später haben soll. Addiere jeweils die Höhe zu der Breite und der Tiefe. Damit hast du die Maße von Breite und Höhe der benötigten Zuschnitte. Zeichne zwei Rechtecke mit den entsprechenden Maßen auf den Stoff und schneide sie mit NZ aus.

TIPP:
Wie du das passendes Kissen für das Kofferkörbchen nähst, findest du auf Seite 64.

Kofferkörbchen

MIT ETWAS FARBE WIRD EIN ALTER KOFFER ZU EINEM INDIVIDUELLEN HUNDEKÖRBCHEN UPGECYCELT! ALS EYECATCHER GIBT'S NOCH EINE SUPERSÜßE WIMPELKETTE. DAS KISSEN VON SEITE 64 PASST PERFEKT HINEIN!

Größe: Koffer 65 × 10 × 45 cm, Wimpel 8,5 × 8,5 cm| Schnittteil 11 auf Bogen A

SO WIRDS GEMACHT

1. Decke alle Bereiche, die nicht lackiert werden mit Malerkrepp und Zeitungspapier ab (auch den Boden um den Koffer herum). ❶
2. Lackiere den Koffer-Innenraum mit Kreidefarbe. Tipp: Teste vorab, ob die Farbe gut deckt. Bei manchen Koffermaterialien empfiehlt es sich, zuvor eine Grundierung aufzutragen. Nach dem Lackieren gut trocknen lassen.
3. Lege pro Wimpel zwei gleichfarbige Teile r. a. r. und nähe die Seiten sowie die schrägen Kanten zusammen. Der obere Rand bleibt zum Wenden offen.
4. Wende die Wimpel, forme die Ecken aus, bügle die verstürzten Kanten flach und steppe sie ab.
5. Lege die Wimpel – in abwechselnder Farbfolge und gleichmäßigen Abständen – mit der offenen Kante bis zur Bruchkante zwischen das Schrägband. Nähe das Band an der offenen Seite knappkantig zusammen. ❺
6. Verziere die Wimpel mit dem Stoffmalstift mit Motiven nach Wunsch. ❻
7. Tackere die Wimpelkettenenden an den Seiten in den Kofferdeckel. Lege ein Kissen in den Koffer und dekoriere ihn.

MATERIAL

- Alter Koffer, hier ca. 70 × 15 × 40 cm
- Baumwollstoff, hellblau, 65 × 12 cm
- Baumwollstoff, rosa, 65 × 12 cm
- vorgefalztes Schrägband (fertige Breite 1 cm), weiß-hellblau-gemustert, ca. 80 cm
- Kreidefarbe, hellblau und weiß und ggf. passende Grundierung
- Pinsel
- Stoffmalstift, weiß
- Möbeltacker
- Malerkrepp
- Zeitungspapier
- Dekoration, z. B. Wäscheklammer, Namensschild, kleine Kissen ...

ZUSCHNEIDEN

Baumwollstoff, hellblau:

11 Wimpel: 6x

Baumwollstoff, rosa:

11 Wimpel: 6x

2

3

4
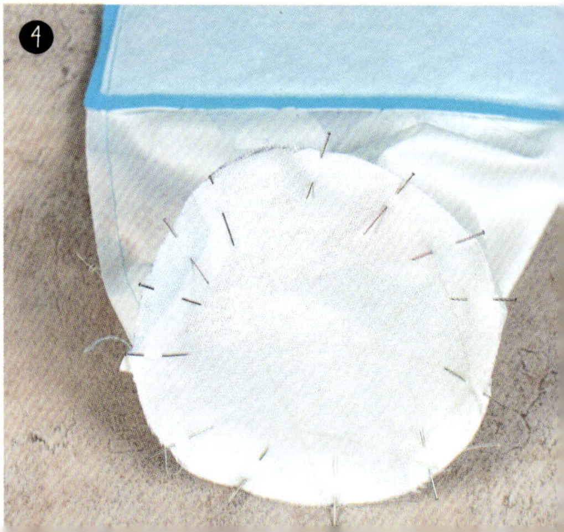

Utensilos

DIESE UTENSILOS EIGNEN SICH SEHR GUT UM HUNDESPIELZEUG & CO ORDENTLICH ZU VERSTAUEN ODER UM ZUM BEISPIEL FRAUCHENS SCHMINK- UND BADEZUBEHÖR EINEN EIGENEN PLATZ ZU GEBEN.

Größe: Klein [Groß] ca. Ø 13,5 [28,5] cm/ Höhe 13,5 [33,5] cm | Schnittteile 12a bis 12d auf Bogen B

SO WIRDS GEMACHT

Utensilo Klein [Groß]

1. Bügle das Volumenvlies nach Herstellerangaben jeweils auf die linke Seite der Innenteile.

2. Lege die Teile 12a [12c] aus Innen- und Außenstoff r. a. r. aufeinander und nähe sie an einer langen Kante zusammen. Bügle die NZ auseinander. ❷

3. Lege das Teil nun an den seitlichen Kanten r. a. r. aufeinander – die Naht liegt deckungsgleich. Nähe die seitlichen Kanten zusammennähen, lass dabei im Bereich des Innenstoffs eine WÖ von ca. 5 cm [8 cm]. ❸

4. Stecke und nähe die farblich passenden Böden 12b [12d] an. Tipp: Das gleichmäßige Anstecken ist etwas knifflig, es hilft, wenn du zuerst bei den Viertelmarkierungen steckst und dann den Stoff dazwischen gleichmäßig verteilst. Schneide die NZ mit der Zickzackschere bis kurz vor die Naht zurück (oder schneide kleine Dreiecke ein, wenn du keine Zickzackschere hast). ❹

5. Wende das Utensilo und schließe die WÖ. Stülpe die Innenseite l. a. l. in die Außenseite.

6. Steppe den oberen Rand knappkantig ab.

7. Schlage den oberen Rand 5 cm breit nach außen um. Stanze die Löcher laut Schnitt durch beide Lagen des Umschlags ein. Tipp: Sind dir zwei Lagen gleichzeitig zu dick, kannst du auch erst die Seitenwand lochen und dann die Position der Löcher auf den Umschlag übertragen.

8. Halbiere für die Henkel den Biothane®-Streifen. Stanze im Abstand von 1,5 cm [1,5 und 2,5 cm] zu den Enden Löcher ein. Befestige die Henkel mit den Buchschrauben am Umschlag.

MATERIAL

- Außenseite: Baumwollstoff, weiß-rosa-mint-silber, 70 x 20 [95 x 70 cm]
- Innenseite: Baumwollstoff, mint 70 x 20 cm [rosa 95 x 75 cm]
- Volumenvlies H 640, 70 x 20 [95 x 70 cm]
- Biothane® (Breite 16 mm), lagune, 30 cm [50 cm]
- Buchschrauben (Ø 5/10 mm, Schafthöhe 5 mm), silber, 4 [8] Stück
- Locheisen oder Lochzange (Ø 5 mm)
- Schlitzschraubendreher
- Zickzackschere

ZUSCHNEIDEN

Baumwollstoff, weiß-rosa-mint-silber:

12a [12c] Seitenwand: 1x

12b [12d] Boden: 1x

Baumwollstoff, mint:

12a Seitenwand: 1x

12b Boden: 1x

[Baumwollstoff, rosa:]

12c Seitenwand: 1x

12d Boden: 1x

Volumenvlies:

12a–12d: je 1x

Lecker schmecker!

Leckerlibeutel & Lunchbag

DIE KLEINE VARIANTE EIGNET SICH PRIMA ALS LECKERLIBEUTEL. DURCH EINE EINGEARBEITETE GÜRTELSCHLAUFE KANN ER AM GÜRTEL BEFESTIGT WERDEN. IM LUNCHBAG FINDET SICH FRÜHSTÜCK FÜRS FRAUCHEN. DA AUS BESCHICHTETEM MATERIAL GEFERTIGT, IST ALLES ABWASCHBAR!

Größe: Leckerlibeutel ca. 10 × 14 × 6 cm [Lunchbag ca. 16,5 × 23 × 10 cm] | Schnittteile 13a und 13b auf Bogen B

MATERIAL FÜR LECKERLIBEUTEL [LUNCHBAG]

- Beschichteter Baumwollstoff oder Wachstuch, rosa mit Äpfeln, 40 × 25 cm [65 × 40 cm]
- Beschichteter Baumwollstoff oder Wachstuch, mint mit Äpfeln, 40 × 25 cm [65 × 40 cm]
- Karabiner (Ø 13 mm), silber, 2 Stück [2 Stück]
- D-Ringe (Ø 10 mm), silber, 2 Stück [2 Stück]
- Gurtband (10 mm), weiß, 66 cm [116 cm]
- Stylefix

ZUSCHNEIDEN

Leckerlibeutel

Stoff, rosa mit Äpfeln:

13a Außenbeutel: 2x

Stoff, mint mit Äpfeln:

13a Innenbeutel: 2x

[Lunchbag]

Stoff, mint mit Äpfeln:

13b Außenbeutel: 2x

Stoff, rosa mit Äpfeln:

13b Innenbeutel: 2x

SO WIRDS GEMACHT

1. Lege die Außenbeutel 13a [13b] r. a. r. aufeinander und nähe sie an der Bodenmitte zusammen. Falte die Teile auf, streiche den NZ mit den Fingern auseinander. ❶

2. Halbiere das Gurtband. Fädle einen D-Ring auf ein Gurtbandende und schlage dieses 2 cm breit um. Steppe, möglichst knapp, neben dem D-Ring ab. Nähe am anderen Gurtbandende einen Karabiner in gleicher Weise fest. Wiederhole diese Schritte am zweiten Gurtband.

3. Damit du die Gurtbänder auf dem beschichteten Stoff leichter fixieren kannst, klebe am Anfang und Ende je ein Stück Stylfix (ca. 5 cm) auf die linken Seiten der Gurtbänder. Lege/klebe die Gurtbänder auf die rechte Seite des Außenbeutels – die Gurtbandseite mit dem D-Ring liegt 2 cm unterhalb einer oberen Kante, der Abstand zu den seitlichen Kanten beträgt 7 cm [10 cm]. ❸

   Nur beim Leckerlibeutel: Markiere auf den Gurtbändern 6 cm unterhalb der D-Ringe je ein 6 cm langes Stück für die Gürtelschlaufe.
   Nähe die Gurtbänder rundherum knappkantig fest. Beim Leckerlibeutel jeweils das Stück für die Gürtelschlaufe frei lassen, Nahtende und -anfang gut sichern.

4. Lege den Außenbeutel wieder r. a. r. und nähe die Seiten zusammen. ❹

5. Lege den Außenbeutel so r. a. r., dass an einer Ecke die Seiten- und die Bodennaht aufeinandertreffen und nähe die Kanten der Ecke zusammen. Wiederhole diesen Schritt an der zweiten Ecke. ❺

6. Lege die Innenbeutel 13a [13b] r. a. r. aufeinander, nähe die Teile an der Bodenmitte und den Seiten – bis auf eine WÖ von ca. 5 cm an der Seite – zusammen. Schließe auch hier die Ecken. ❻

7. Wende den Innenbeutel und stülpe ihn r. a. r. in den Außenbeutel. Stecke die oberen Kanten aufeinander – die Seitennähte sollten jeweils exakt aufeinandertreffen; klappe die D-Ringe von der Kante weg – und nähe sie zusammen. Nutze ggf. den Freiarm der Nähmaschine. ❼

8. Wende den ganzen Beutel auf rechts und schließe die WÖ.

9. Stülpe den Innenbeutel l. a. l. in den Außenbeutel. Steppe die obere Kante rundum knappkantig ab. (Wieder den Freiarm verwenden.)

10. Zum Schließen falte die obere Beutelkante um und hänge die Karabiner in die D-Ringe ein.

3

5

7

Kekse für alle!

DIESE KEKSE KÖNNEN SICH HUND & FRAUCHEN/HERRCHEN GEMEINSAM SCHMECKEN LASSEN. AUS EINEM GRUNDTEIG WERDEN GANZ EINFACH ZWEI VARIANTEN GEBACKEN.

ZUTATEN

- Vollkornmehl, 300 g
- Ei, 1 Stück
- reife Bananen, 2 Stück
- Schokoraspeln, 30 g
- Honig, 30 g
- Mehl für die Backfläche
- Handrührgerät mit Knethaken
- Pürierstab
- Keksausstecher, 2 Formen
- Backofen

SO WIRDS GEMACHT

1. Heize den Ofen auf 180 °C vor.
2. Püriere die Bananen und knete sie mit Mehl und Ei zu einem glatten Teig.
3. Halbiere den Teig. Mische eine Hälfte mit Honig und Schokoraspel. Die Teighälfte mit Schokolade und Honig ist für dich, die andere Hälfte für deinen Hund.
4. Bestaube die Arbeitsfläche mit Mehl. Rolle beide Teige ca. 4–5 mm dick aus und steche mit unterschiedlichen Formen Kekse aus. (So lassen sie sich später noch besser unterscheiden.)
5. Backe die Kekse 30 Minuten bei 180 °C.
6. Die Kekse sind luftdicht verschlossen ca. zwei Wochen haltbar.

MARLI'S
LECKERLI
HUNDEMÜDE

Dose & Tasse mit Statement

DAMIT AUCH JEDER WEISS, WEM DIE LECKERLIS GEHÖREN UND KEIN FREMDER DAVON NASCHT, BESCHRIFTE EINE DOSE MIT DEM NAMEN DEINES HUNDES. UND FÜR DICH SELBST GESTALTE EINE TASSE MIT HUNDEFREUNDLICHEM STATEMENT!

Größe: variabel | Vorlagen 14 auf Bogen B

SO WIRDS GEMACHT

1. Reinige das Geschirrteil von Staub und Schmutz.
2. Pause die gewünschte Vorlage auf Transparentpapier ab.
3. Lege die Transferfolie auf das Geschirrteil und darauf dann die Transparentpapier-Vorlage. Fixiere beides mit Tape. Achtung! Lass bei der Dose über der Vorlage genügend freien Platz für den Namen deines Hundes.
4. Zeichne die Linien mit einem Stift nach und entferne die Papiere vorsichtig.
5. Zeichne mit dem Porzellanmalstift die übertragene Vorlage nach. Bei der Dose schreibe über das Motiv noch den Namen deines Hundes.
6. Lass die Beschriftung trocknen und brenne sie nach Herstellerangaben im Backofen ein.

MATERIAL

- Porzellandose
- Porzellantasse
- Porzellanmalstifte, z. B. mit Brush- oder Calligraphy-Effekt
- Transparent- oder Backpapier
- Transferpapier, z. B. Kohlepapier (für helles Geschirr) oder farbiges Kopierpapier aus dem Nähbedarf (für dunkles Geschirr)
- Stift
- Tape

IMPRESSUM

Autorin: Christina Stadtmüller
Fotografie: Christina Stadtmüller, Joachim Stadtmüller, Lena Holl
Illustrationen: Shutterstock, LittleAirplane
Redaktion/ Produktmanagement: Martina Unterfrauner
Satz: A flock of sheep
Lektorat: A. Reuß
Umschlaggestaltung: Leeloo Molnár
Repro: LUDWIG:media
Herstellung: Stephanie Schlemmer
Printed in Turkey by Elma Basim

Unser komplettes Programm finden Sie unter

www.christophorus-verlag.de

In diesem Buch wird aus Gründen der besseren Lesbarkeit das generische Maskulinum verwendet. Weibliche und anderweitige Geschlechteridentitäten werden dabei ausdrücklich mitgemeint, soweit es für die Aussage erforderlich ist.

Kreativ-Service

Sie haben Fragen zu den Büchern und Materialien? Frau Erika Noll ist für Sie da und berät Sie rund um alle Kreativthemen. Rufen Sie an! Wir interessieren uns auch für Ihre eigenen Ideen und Anregungen. Sie erreichen Frau Noll per E-Mail: kreativ-service@c-verlag.de oder Tel.: +49 (0) 89 - 13 06 99 - 577.

★★★★★

Sind Sie mit diesem Titel zufrieden? Dann würden wir uns über Ihre Weiterempfehlung freuen. Erzählen Sie es im Freundeskreis, berichten Sie Ihrem Buchhändler oder bewerten Sie beim Onlinekauf. Und wenn Sie Kritik, Korrekturen, Aktualisierungen haben, freuen wir uns über Ihre Nachricht an:

Christophorus Verlag, Postfach 40 02 09
D-80702 München oder per E-Mail an
lektorat@verlagshaus.de

EIN HERZLICHES DANKESCHÖN AN DIE HERSTELLER

- Glücksfieber – Stefan Spreier & Sandra Schmidt GbR, www.gluecksfieber.de [Schlagstempel, Schmuckzubehör]
- Alles für Selbermacher – Nadine Masuhr e.K., www.alles-fuer-selbermacher.de [Stoffe]
- Snaply GmbH, www.snaply.de [Stoffe, Taschen-Zubehör]
- Bänder 24 – Handelswelt Felsmann e.K., www.baender24.de [Gurtband, Karabiner, Regulatoren, D- und Rundringe, Steckschließen]
- Freudenberg Performance Materials Apparel SE & Co. KG, www.vlieseline.de [Bügeleinlagen, Füllwatte]
- Gütermann GmbH, www.guetermann.com [Stoffe, Nähgarn]
- C.Kreul GmbH Co. KG, www.c-kreul.de [Porzellanmal- und Stoffstifte, Kreidelack]
- Paracord.eu, www.paracord-shop.de [Biothane®, Baumwollseil, Zubehör]

gluecksfieber
mach deinen eigenen Schmuck

Die Deutsche Nationalbibliothek verzeichnet diese Publikation in der Deutschen Nationalbibliografi e; detaillierte bibliografi sche Daten sind im Internet über http://dnb.de abrufbar.

2. Auflage 2022

Infanteriestraße 11a
D-80797 München

ISBN 978-3-8410-6609-1